...beault-Royer
...aume sur
l'Angleterre

RÉSUMÉ

SUR

L'ANGLETERRE.

Par P. F. BARBAULT-ROYER.

Pone iræ frena, modumque
Pone avaritiæ. . . . . . . Juven. Sat. 8.

A PARIS,

Chez GALLAND, Libraire, palais du
Tribunat, galeries de bois, N°. 223.

RÉSUMÉ

SUR

L'ANGLETERRE.

—

Quoique d'habiles écrivains n'aient cessé
de s'élever contre l'ambition, la fraude et
les violences de l'Angleterre; quoiqu'ils n'aient
cessé de présenter ce gouvernement rival sous
les traits les plus forts, les plus distincts et les
moins récusables, cependant des personnes,

d'ailleurs très-recommandables, semblent n'être pas encore revenues de leur bonne opinion pour les lois et les mœurs, et les manières anglaises. D'où vient donc un tel sentiment à l'égard d'un peuple étranger, dont les maximes et l'influence ont été si fatales à la monarchie, et n'ont pas moins été funestes à la république? Loin de nous cette admiration née de la paresse du raisonnement, de l'ignorance des faits, et surtout de cette fausse opinion propagée avec adresse parmi la multitude, et qui s'empare même des esprits les plus raisonnables. Malgré de certaines qualités qu'on ne peut refuser aux Anglais, ayons au moins l'orgueil et la décence de ne point les mettre avant nous, et puisque nous devons les combattre, répétons encore ici les raisons qui nous forcent au combat. Mais avant tout, que cette légère discussion s'établisse sur l'exactitude et la sévérité de l'opinion.

L'opinion, en général, semble être un jugement porté en dernier ressort sur les choses et les personnes; je parle de celle qui détermine les avis de la multitude; car l'opinion des sages étant moins confuse et plus éclairée , n'a presqu'aucun rapport avec la première dont elle s'écarte presque toujours, soit par mépris, soit par réflexion. Cependant l'opinion du vulgaire est bien plus forte en ses effets ; il semble même que plus elle tient de l'extra-vagance, plus elle a de pouvoir et d'intensité.

D'où vient donc la magie de cette sorte d'opinion ? C'est sans doute parce que l'idée de force s'associant naturellement dans notre esprit à l'idée de souveraine puissance, l'on a pu s'imaginer que le suffrage du plus grand nombre devoit être le plus concluant ; et que les grands effets d'attaque et de résistance se trouvant dans l'union de la multitude , la masse des sentimens réunis devoit également offrir la supériorité de sagesse.

Mais cette sorte d'opinion qui paroît être le vœu unanime de tout un peuple , n'en porte pas moins avec elle tous les genres de misères et de calamités ; elle a bientôt creusé l'abîme où vont se perdre tous ceux qui s'y livrent inconsidérément : elle devient l'écueil des peuples et des rois, et plus d'un empire s'est écroulé pour avoir consulté l'opinion.

Ce fut l'opinion de la multitude, opinion si formidable dans une république, qui fit résoudre dans Athènes la fatale expédition de la Sicile, où la plus belle des armées de la Grèce fut détruite en un instant, où des insensés, placés par l'opinion à la tête des affaires, remplissoient les esprits de vertige et d'injustices, où enfin l'avis des plus sages citoyens fut constamment repoussé parce qu'il étoit contraire à l'opinion d'un peuple en délire.

Quelques hommes égarés par la confusion des mots ont regardé l'opinion du plus grand nombre, comme un oracle du ciel, comme une émanation de l'intelligence suprême; mais si une politique adroite peut souvent la contraindre, si elle peut la maîtriser ou lui donner une direction plus conforme à ses intérêts, l'on voit clairement que cette opinion ne peut être le produit de la sagesse, puisqu'elle est versatile, timide et corruptible.

Cependant il est des circonstances où cette sorte d'opinion doit quelquefois déterminer le conseil du souverain, c'est lorsqu'elle se trouve renforcée de l'opinion particulière des hommes les plus recommandables, soit par leur vertu, soit par leur prudence, soit par leur moralité. Mais ces cas sont, je crois, assez rares ; car l'opinion des sages et celle de la multitude ont, de leur nature, très-peu de rapports entre elles, semblables en cela aux flammes ennemies du bûcher d'Etéocle et de Polynice.

Néanmoins cette opinion du plus grand nombre, quoique si aveugle et si confuse, influe presque toujours dans les affaires les plus graves ; on se hâte de la consulter. La vanité qui se plaît à l'interroger s'enivre de l'enthousiasme qu'elle lui communique. Des suffrages donnés par tout un peuple semblent présager des succès certains. De là des projets sans suite qui s'insinuent à travers cette correspondance bizarre ; de là ces entreprises si mal concertées, et dont les résultats sont si honteux ; de là ces grands conseils de l'intrigue qui amènent souvent des désastres qui rejaillissent même sur la postérité. C'est de l'opinion ainsi consultée que sont sorties ces terribles révolutions qui ont accablé tant de rois et dévoré tant de peuples.

Il est des temps qui sont si déplorables, que l'audace de l'opinion parvient à obscurcir les idées même les plus simples d'ordre et de décence. Tels furent les temps d'Aurélius-Héliogabale. Le crime insolemment heureux arrache les honneurs dus à la vertu, et la vertu est obligée de se cacher comme un crime, parce qu'elle n'a pas pour elle l'opinion.

Mais que devient donc cette opinion née de la turbulence d'une multitude oisive et inconsidérée, lorsqu'on la compare à l'opinion d'un seul individu, telle que celle d'un Confucius, d'un Lycurgue ou d'un plus grand homme encore? Quelle prépondérance même pourroit-elle avoir, lorsqu'on lui oppose le sentiment isolé d'un seul homme méditatif ? C'est dans ce noble examen que l'on verroit bientôt combien l'opinion privée d'un petit nombre d'individus est supérieure à ce qu'on appelle assentiment général. Oui; c'est cette opinion vénérable, née de l'expérience et de l'intérêt de l'humanité, qui seule pourra empêcher que les idées du juste et de l'injuste ne soient totalement confondues, qui seule pourra replacer la vertu au rang qui lui fut assigné, et rendre à l'état toute sa gloire et ses illustrations par l'influence de l'opinion la plus vraie.

C'est donc en pervertissant toutes les idées, que l'Angleterre est parvenue à se donner, au moins autrefois, une réputation presque colossale, réputation qui subsiste encore en partie. C'est en s'adressant aux têtes échauffées de la multitude, qu'elle a forcé au silence la voix des hommes les plus dévoués à leur patrie; c'est enfin sous le voile de l'imposture, et par les préjugés de l'opinion, qu'elle a obtenu tant de succès sur l'esprit de ses partisans.

Considérons plus en détail cette province ci-devant de France.

Dès l'origine, l'Angleterre avoit été forcée

de pratiquer la mer , qui étoit pour ainsi dire le milieu qu'elle habitoit. Bientôt ses liaisons avec ceux du continent, et surtout la cupidité que rien n'arrête, lui firent franchir en un instant l'espace étroit qui la séparoit de ses voisins. Bientôt l'avarice , qu'exalte l'espérance , lui fit surmonter la violence d'une mer inconnue, pour porter plus au loin les produits grossiers de son travail, les productions de son sol , et déjà même le poignard qu'aiguissoit la rivalité. Les tempêtes qui brisoient ses pirogues , et l'exercice continuel du danger, rendirent ses matelots plus actifs , plus intrépides et plus entreprenans. Des navires solides ne tardèrent pas à être fabriqués , et de ces foibles commencemens naquit cette fameuse marine de l'Angleterre , qui l'a constituée depuis en état permanent de rébellion contre les droits de tous les peuples. L'exaltation des croisades, l'ambition des rois , l'humeur jalouse et meurtrière de la nation ajoutèrent perpétuellement à sa perfection. Sous Elisabeth elle fut des plus florissantes. C'est à cette époque que l'Angleterre dédaignant toute espèce de dissimulation , conçut hautement le projet de se saisir du commerce de l'Univers , et d'embrasser comme les Tyriens, le trafic du monde entier. Drake, qui dès lors avoit fait le tour du globe, sembloit avoir indiqué sur l'un et l'autre hémisphère, les lieux les plus favorables au commerce national. Les démêlés du peuple contre la famille d'Ecosse ne nuisirent en rien à ce calcul hardi de l'avarice et de l'ambition. L'exécution en fut au contraire des plus rapides au milieu des flots de sang qui inondoient l'Angleterre.

Cromwell étant monté sur le trône des Stuarts, où sa politique profonde, sa justice sévère et sa conduite rigide sçurent le maintenir, donna à la marine anglaise une dernière impulsion qui décida pour toujours de sa supériorité ; supériorité qui a vainement été attaquée jusqu'à ce jour. Et si la dénomination insultante de dominateurs des mers que les Anglais se sont arrogée, dès le temps même d'Alfred, a été plus d'une fois méconnue, s'ils ont été forcés de reconnoître quelquefois qu'il étoit des peuples qui pouvoient marcher leurs égaux, l'activité incroyable des Anglais à réparer leurs échecs, l'adresse avec laquelle ils n'ont cessé de travailler l'o-

pinion, leur ténacité, jointe à une fortune
qui ne s'est démentie quelquefois que pour
se relever plus grande et plus superbe, semblent prouver que cette supériorité a dû se
conserver également par tous les moyens
factices de l'intrigue, et par ceux plus réels
d'une certaine sorte de courage et d'humeur
qui n'est donnée qu'à ce peuple. Ajoutez à
cela la bonté de leur code, l'extrême sévérité de leur discipline, cet enthousiasme si
prononcé du nom anglais, et l'orgueil si vif
que ce nom même donne au dernier des
matelots en le distinguant de la foule des
peuples, il sera aisé de voir que toutes ces
causes réunies et une multitude d'autres, ont
dû assurer à la marine anglaise une supériorité non précaire comme celle des nations
continentales, mais basée sur des principes
presqu'éternels, sur des lois dès long-temps
invariables, enfin sur la nature même des
choses par lesquelles le monde est gou-
verné.

Toute nation qui est la plus puissante par
sa marine, devient nécessairement la première par son commerce. C'est ici qu'il faut

considérer en très-peu de mots la puissance étonnante que l'Angleterre a obtenue à l'aide seule de ses vaisseaux de guerre, qui sont réellement des fortifications flottantes, toujours en permanence, toujours en stations actives, et dont le but vrai a été de protéger le commerce militairement, tandis que l'Espagne ou d'autres puissances ont cru que des vaisseaux de ligne n'étoient utiles que dans des temps d'hostilités, inutiles hors de là, et destinés en temps de paix à languir dans les arsenaux. Ce n'est point de cette manière que les Anglais ont calculé. Les effets ont dû répondre à la cause. Mais ce n'est pas le moment de nous en expliquer ici ; examinons seulement quelques résultats.

L'Angleterre tient, à l'heure où nous parlons, ses drapeaux fixés sur les points les plus importans du globe entier. Ce ne sont point seulement des drapeaux de gloire, c'est-à-dire, d'une idée vaine de renommée toujours si désastreuse pour les peuples. Ce ne sont point des étendards de triomphe arborés d'après le conseil d'un scribe qui propose la ruine de vingt provinces, pour l'usurpation d'une lande contestée, ou d'un financier sans mérite qui épuise le trésor public pour fonder une colonie stérile, mais des témoins honorables d'une acquisition réelle obtenue, dans certaines circonstances, par les combinaisons les plus sages et la politique la mieux entendue, dans d'autres par la scélératesse la plus profonde et par les brigandages les plus ostensibles, mais toujours à l'avantage certain de la nation qu'ils représentent.

L'Angleterre enrichie par des marchands, puissante par des marchands, protégée par des marchands, a dû finir par être gouvernée par des marchands : aussi, dans toutes les entreprises, vous verrez son gouvernement ne cesser de calculer la recette et la dépense, ne hasarder rien sans la preuve évidente d'un bénéfice double, faire toujours passer l'intérêt avant le frivole plaisir d'une victoire vaine, et ne prêter la main à des conquêtes, qu'autant que ces conquêtes peuvent conduire à des conquêtes plus lucratives.

Cette nation, la digne émule de la carthaginoise, été bien plus loin qu'elle, car à la foi punique elle a su joindre les moyens militaires des Romains; et à ces deux premières causes, elle a encore allié toutes les ressources politiques des temps modernes. Mais le commerce de l'univers est envahi, des nations innombrables sont ses esclaves, une foule de rois fléchissent devant leurs subrécargues, tous tremblent au seul nom de l'Angleterre. Nous la voyons sous tous les climats donner des lois en souveraine, fomenter des séditions au centre de tous les états, et immoler les princes par la propre main de leurs sujets. Nous voyons ses commerçans répandus chez tous les peuples, mais étrangers à tous, mais ennemis de tous, et sans qu'aucun d'eux ose contracter une alliance déshonorante, soit pour conserver la netteté de son sang, les prérogatives de son ordre, ou l'orgueil de son pays.

En Europe, leur pavillon flotte des caps de la Morée aux caps du Spitzberg ; de la pointe de l'Irlande aux Bouches d'Anadir. Il sillonne en maître absolu l'Océan d'Allemagne, les eaux de la Baltique, toutes celles de la Russie. De misérables facteurs prennent le ton des rois à Pétersbourg, à Copenhague, à Stockholm. Ils s'intitulent les défenseurs des Anséatiques, du domaine de Naples, des rades du Portugal.

Ces hardis prolétaires voguent sans rivaux dans les mers d'Asie. Ils vont à Astrackan, commercent avec les Sibériens et ceux du Kamchatka, rangent tous les bords de la Caspienne, trafiquent à Smyrne, à Alep, sur les rives qu'arrosent le Xanthe et le Simoïs, s'annoncent en satrapes dans la Perse, à Ormuz, à Bassora, à Surate, sont salués comme les nababs sur le Gange et les plages de la presqu'île, et traitent à Canton comme les successeurs du grand-mogol.

En Afrique, leurs légats sont au Kaire, à Suez, à Médine, à Maroc, dans les états Mugrebins ou Barbaresques. Ils ont eu des bataillons dans la ville que fonda Alexandre, et ont mille émissaires dans ces marchés où l'on vend des hommes. Ils relâchent à Sainte-Hélène, et vont ravir les vins du Cap.

Dans les Amériques, on les rencontre partout, et toujours en souverains; au Groënland, au Canada, dans les eaux de l'Yucatan et du Mexique. Vous les trouverez à Terre-Neuve où ils se saisissent de tous les poissons du grand banc; et vers Honduras, où ils coupent, malgré le roi d'Espagne, tous les bois qui lui appartiennent. Ils sont maîtres absolus à Saint-Domingue, qu'ils ne cessent de bouleverser, et aux Etats - Unis qu'ils gouvernent entièrement, mais sous d'autres lois et sous un autre nom.

A une puissance aussi étonnante, à une grandeur aussi formidable, à une influence aussi prodigieuse, quelle digue pourroit-on opposer? Par quel pouvoir humain pourroit-on arrêter ce despotisme universel, ce pouvoir excessif, cette force colossale qui est à la veille de tout écraser? Mais pour un tel succès, il faut nous abandonner sans crainte au génie qui préside aux destinées de la République.

Les Anglais, non contens de cette accumulation de provinces et de royaumes tributaires, se sont fait céder dernièrement les îles de Ceylan et de la Trinité. Ils eussent dû appréhender peut-être qu'en ajoutant perpétuellement à leurs possessions, qu'en prolongeant sans fin la ligne de leurs prétendues limites, ils ne s'affoiblissent nécessairement par l'étendue des surfaces, et qu'ils ne trouvassent enfin une ruine certaine dans cette propre extension. Mais non ; et malgré tous les peuples de l'Inde, ils possèdent tranquillement cent nababies dont ils ont égorgé ou dépouillé les omras ; et bien loin de s'affoiblir, ils sont à la veille de subjuguer les deux empires de Chine et de Perse.

Il étoit donc de l'intérêt des Anglais d'avoir à tout prix l'île de Ceylan, que les Bataves possédoient, et que ceux-ci avoient ravi aux Portugais, car les Européens ne présentent dans leurs mouvemens commerciaux qu'un long enchaînement de violences, de massacres et d'envahissement, jusqu'à ce qu'enfin le plus adroit s'empare du tout.

Cette île, d'une étendue considérable, qui

par son heureuse position, la fertilité de son
territoire et les richesses de son sol , avoit
dès long – temps mérité d'être chantée dans
les Védams, ne pouvoit guère échapper à
l'avidité des usurpateurs de l'Inde. Par elle
les Anglais affermissoient encore davantage
leurs domaines continentals ; par elle, placés en védette, ils surveilloient d'un côté
les mers du Bengale, et de l'autre, celles
qui s'enfoncent dans le golfe Arabique. Ceylan offroit un poste admirable pour décon-
certer toutes les manœuvres de l'ennemi , et
surtout celles qu'on auroit pu craindre de la
part de l'Égypte. On pouvoit également pré-
venir les mouvemens de l'île de France, quoique cette crainte soit en effet superflue ; car
malgré les troupes nombreuses amoncelées à
l'île de France, l'on sait que les comptoirs
des Français ont été ruinés dans l'Inde, toutes
les fois que les Anglais l'ont jugé à propos.
Ceylan est donc devenu une acquisition très-
importante pour l'Angleterre, et elle le de-
viendra sans doute encore davantage pour
des expéditions secrètes et des projets ulté-
rieurs qu'il est facile de pénétrer.

Il falloit également aux Anglais, dans les mers d'Amérique, une île qui fût un autre Ceylan. Les Espagnols la leur donnèrent en leur cédant la Trinité. Située à l'embouchure du plus grand des fleuves, et à la vue du plus profond des golfes, elle devenoit un poste admirable pour inspecter ces mêmes Espagnols, et nuire au commerce du Mexique. Elle favorisoit éminemment un commerce très-actif de contrebande sur l'immense plage du Brésil, dont les gouverneurs, à titre de Portugais, seroient nécessairement dévoués à l'Angleterre. De plus, la Trinité donnoit, par son approximation, une facilité réelle pour ruiner tôt ou tard les épiceries de Caïenne. Certes, les despotes du commerce ne sont là que pour en espionner les progrès. Ils ne permettront jamais que la canelle et le poivre de Caïenne entrent en concurrence avec ceux de Ceylan et du Malabar. Ils savent que ces productions n'ont de valeur que par leur rareté; ils savent que les Hollandais, autrefois seuls possesseurs des épiceries, en régloient la quotité, qu'une portion légère entroit dans le commerce, et que l'excédant étoit livré aux flammes. Les Anglais, successeurs des

Hollandais, en imiteront la conduite. Ils ne verront jamais d'un œil paisible que les plantations de Caïenne viennent déranger le calcul audacieux de l'avarice commerciale.

Mais à quoi bon une plus longue discussion, lorsque de tels faits découvrent les projets meurtriers de l'Angleterre ? Son ambition désordonnée n'est - elle pas manifeste ? Cette ambition ne présente-t-elle pas plus de danger que celle de la France, que sa rivale se plaît tant à exagérer ? N'est-ce pas l'Angleterre qui brise de nouveau les tables de la paix ? qui sous le voile des accusations s'anime à de nouvelles conquêtes ? N'est - ce pas elle qui menace l'univers d'un nouvel incendie par la subreption de Malte ?

Il est temps sans doute de mettre un frein à cette ambition que rien ne peut assouvir: il est temps, s'il le fut jamais, de réformer l'opinion sur ce gouvernement qui conserve encore quelque renommée de vertu, de sagesse et de moralité. Des bataillons immortels partent en ce moment pour demander en particulier raison de quinze années de ca-

lamités versées sur le sol de la République.
Guidés par la justice et l'honneur, ils rap-
pelleront les Anglais à leurs vrais intérêts.

Que tous les citoyens sans distinction de
parti, fassent donc le sacrifice de leur opinion
particulière, pour se rallier à cette opinion
plus sage qui veut enfin qu'il n'y ait plus de
despotisme en aucun genre sur la terre; que
les droits de l'humanité soient plus généra-
lement respectés, et que l'Europe ait une
constitution libre, fondée sur des raisons
claires, précises et inévitables, et qui mette
les hommes, de quelque pays qu'ils soient,
à l'abri de la violence mercantile, les rois à
l'abri de la sédition des peuples, et les peuples à l'abri des procédés illégaux, sous l'égide
toujours puissante d'un chef immortel.

De l'Imprimerie d'A. ÉGRON, rue des Noyers, n°. 24.

* 9 7 8 2 0 1 2 9 6 0 2 2 0 *